Die 12 Bausteine einer neuen Gesellschaftsform

Entwürfe für die Zukunft – Band 26

Kontakt: www.HarryEilenstein.de
Harry.Eilenstein@web.de
Harry Eilenstein bei youtube

Impressum: Copyright: 2022 by Harry Eilenstein – Alle Rechte, insbesondere auch das der Übersetzung, vorbehalten. Kein Teil des Buches darf ohne schriftliche Genehmigung des Autors und des Verlages (nicht als Fotokopie, Mikrofilm, auf elektronischen Datenträgern oder im Internet) reproduziert, übersetzt, gespeichert oder verbreitet werden.

Verlag: BoD · Books on Demand GmbH, Überseering 33, 22297 Hamburg, bod@bod.de
Druck: Libri Plureos GmbH, Friedensallee 273, 22763 Hamburg

ISBN: 978-3-8192-9693-2

Inhaltsübersicht

Warum 12?

Alle Bücher dieser Reihe haben genau 12 Kapitel – was sich ja auch in den Titeln dieser Bücher widerspiegelt. Warum?

In diesen Büchern wird der Tierkreis als Matrix von 12 verschiedenen Sichtweisen auf die Welt verwendet, um das Thema des Buches möglichst umfassend in 12 Kapiteln zu betrachten. Dadurch wird eine ausgewogenere, umfassendere und tiefere Einsicht in das jeweilige Thema erlangt als es ohne ein solches Raster, ohne eine solche Matrix möglich wäre.

Der Tierkreis wird in dieser Buch-Reihe als Forschungs-Hilfsmittel benutzt, durch das die Einseitigkeiten in der Betrachtung zumindest vermindert werden können. Weiter-hin werden durch dieses Vorgehen diese 12 Sichtweisen auch als Ergänzungen zueinander, als organische Teile eines Ganzen deutlich.

Die Inspiration zu diesem Vorgehen stammt aus Hermann Hesses Roman „Das Glasperlenspiel", für das er 1946 den Literatur-Nobelpreis erhielt. In diesem Roman beschreibt er die öffentlichen Darstellungen von Übersichten und Gesamtbetrachtungen, die mithilfe von verschiedenen allgemeinen Strukturen wie z.B. dem Ba Gua aus dem chinesischen Feng-Shui angefertigt und aufgeführt werden.

Diese Buch-Reihe ist ein Versuch, Hesse's Idee im ganz Kleinen konkret zu verwirklichen.

Die Blickwinkel der 12 Tierkreiszeichen sind:

♈	Widder:	Spontaner
♉	Stier:	Genießer
♊	Zwilling:	Neugieriger
♋	Krebs:	Familienmensch
♌	Löwe:	Egozentriker
♍	Jungfrau:	Handwerker
♎	Waage:	Schöngeist
♏	Skorpion:	Tiefgründiger
♐	Schütze:	Idealist
♑	Steinbock:	Realist
♒	Wassermann:	Theoretiker
♓	Fische:	Träumer

1. Selbsterhaltung

♈

Wer will nicht ein von Lebensfreude geprägtes Leben leben? Doch wer hat das schon erreicht? Es dürfte wohl kaum die Mehrheit sein.

Daher könnte es förderlich sein, sich einmal genau anzuschauen, wie ein lebenswertes Leben aussieht und was man tun kann, um ein solches Leben Wirklichkeit werden zu lassen.

Das werden Dinge sein, die der Einzelne tun kann, aber es wird auch Dinge geben, die wir nur kollektiv tun können. Dieser zweite Teil von Veränderungen unserer heutigen Lebensweise kann dann zu einer neuen Gesellschaftsform führen. Die Eigenschaften und Strukturen einer solchen neuen Gesellschaftsform zumindest in ihren groben Zügen zu ergründen, ist die Absicht dieses Buches.

Lebensfreude: Was wird dafür gebraucht?

Zunächst einmal, dass man weitgehend tun kann, was man will. Dafür werden wiederum Aufrichtigkeit und Mut gebraucht.

Weiterhin sind auch Einfachheit und Schlichtheit sehr förderlich. Lebensfreude ist wie ein Kind, das mit ein paar Kieselsteinen an einem Bach spielt und sich über das Plätschern des Wassers freut. Diese Schlichtheit, dieses „Kind in sich selber" muss man sich bewahren – und es auch leben – wenn man ein Leben in Lebensfreude führen will.

Lebensfreude braucht nicht viel, Lebensfreude kommt nicht von außen – Lebensfreude entsteht immer im Hier und Jetzt, im Präsentsein an dem Ort, an dem man gerade ist, und im Kontakt mit dem, was gerade da ist.

Natürlich gibt es auch die äußeren Umstände – wir können nicht immer wie ein Kind leben. Wir leben heute in einer Welt, in der die Globalisierung zu einer Tatsache geworden: Alle sind von dem Handeln aller anderen abhängig. Das erfordert ein kollektives Erwachsenwerden – die pubertäre Haltung des Materialismus reicht heute nicht mehr aus. Das bedeutet nicht, dass wir den frischen Egoismus des Jugendlichen in uns verdrängen müssen, sondern nur, dass wir ihm den Blick auf das größere Ganze und die Einsicht in die langfristigen Folgen der eigenen Handlungen zur Seite stellen müssen. Der Jugendliche in uns soll ja nicht diszipliniert werden, sondern nur klarer sehen, wohin ihn seine Handlungen führen. Dadurch wird er erwachsen und letztlich erfolgreicher als ohne diese Weitsicht.

Die Globalisierung erfordert nun einmal diese weitsichtigen Entscheidungen und dieses weitsichtige Handeln des Erwachsenen. Das führt letztlich zu einer Einbindung des Einzelnen in die Menschheit. Die Unbekümmertheit des Kindes bekommt eine Ausrichtung durch den frischen Egoismus des Jugendlichen und einen schützenden Rahmen durch den Erwachsenen – und wir können am besten gedeihen, wenn wird stets gleichzeitig Kind, Jugendlicher und Erwachsener sind.

Und die derzeitige Lage der Menschheit erfordert dringend, dass wir uns um unser kollektives Überleben auf der Erde kümmern.

Auch das ist ein Teil des Bestrebens, ein lebenswertes Leben voller Lebensfreude zu leben. Sich darum zu kümmern, dass wir als Menschheit auf der Erde überleben können, ist nicht der Inhalt der Lebensfreude, aber sie ist eine ihrer Grundlagen.

*Der erste Baustein der neuen Gesellschaftsordnung ist die Fähigkeit
zu überleben und ganz im Hier und Jetzt zu sein.*

Dieser erste Baustein klingt vermutlich sehr schlicht, aber er ist für alle Dinge die Grundlage – auch für ein neues Gesellschaftssystem. Solch ein System muss überlebensfähig sein, da es sonst nicht weiterbestehen kann. Und die Fähigkeit, ganz im Hier und Jetzt zu sein, ist letztlich auch die Fähigkeit, das, was gerade ist, klar und in seiner ganzen Intensität zu sehen, zu erleben und entsprechend zu reagieren.

Daher ist dieser erste Baustein – die Präsenz in der Situation, in der man ist, und die sich daraus ergebende Möglichkeit des Überlebens – das Fundament des „Hauses" der neuen Gesellschaftsform.

Die zwölf Bausteine			
	Überleben		

2. Besitz

♉

Wenn man sich seine Kontoauszüge anschaut, werden die allermeisten feststellen, dass die Hälfte des Einkommens – oder sogar noch mehr – sofort wieder für Miete und Steuern ausgegeben wird. Auch die Rente oder die Pension ist eher knapp – Altersarmut ist sehr weit verbreitet.

Es ist nicht allzu gut um unseren Wohlstand bestellt. Zumindest nicht bei dem allergrößten Teil der Menschen – wobei es uns in Europa ja noch vergleichsweise gut geht.

Das eben Gesagte ist ja wirklich keine neue Erkenntnis, aber das Problem besteht nun einmal noch immer.

Ein Argument an dieser Stelle ist stets, dass der Unterschied zwischen Reich und Arm nicht zu groß werden sollte. Dieses Argument ist auf jeden Fall richtig, aber es stellt sich die Frage, wie man das ändern kann. Diese Unterschiede gibt es ja zudem nicht nur innerhalb eines Staates, sondern auch zwischen den verschiedenen Staaten. Diese Unterschiede zwischen den Staaten lösen zu einem großen Teil auch die Migration aus – der zweite wichtige Grund sind die Kriege.

Es gibt schon einige Ansätze zu der Lösung dieses Problems – allerdings sind sie so gut wie alle noch immer auf den Wohlstands-Ausgleich innerhalb eines Staates und nicht auf den Wohlstands-Ausgleich zwischen den derzeit 195 verschiedenen Staaten auf der Erde.

- Karl Marx hat 1867 sein Hauptwerk „Das Kapital" veröffentlicht, in dem er den Privatbesitz an Produktionsmitteln und Kapital als Ursache für die extreme Armut der Arbeiterschicht beschrieben hat. Aus diesem Ansatz ist die Zentrale Planwirtschaft entstanden, die so gut wie immer mit der Regierungsform des Ein-Parteien-Systems des Kommunismus verbunden ist.

Leider hat sich herausgestellt, dass diese Organisationsform der Wirtschaft und der Politik die Eigeninitiative der Menschen lähmt und zudem die Ausbildung einer Parteiendiktatur fördert.

- Die Freie Marktwirtschaft geht davon aus, dass der freie Fluss des Geldes und der Waren zum größtmöglichen Wohlstand auf der Erde führt.

Letztlich ist diese Ansicht jedoch ganz schlicht eine rechtlich begründete Herrschaft der Stärkeren. Trotzdem wird diese Sicht noch immer vertreten – z.B. durch die FDP und teilweise auch durch die CDU in Deutschland oder durch die Republikaner in den USA.

- Dass der Ansatz der freien Marktwirtschaft (Wirtschafts-Liberalismus) ein Irrtum ist und mit großer Wahrscheinlichkeit zu einem Aufstand der Armen führen wird, hat bereits Bismarck erkannt und deshalb 1878 die Sozialgesetze eingeführt, die allen Menschen eine Grundabsicherung gewähren. Damit hat er erfolgreich allen Sozialisten und Kommunisten den Wind aus den Segeln genommen.

Aus dem seinerzeit noch rein taktischen Ansatz von Bismarck wurde um ca. 1930 das Konzept der Sozialen Marktwirtschaft entwickelt und dann 1949 als Wirtschaftssystem der Bundesrepublik Deutschland festgelegt. Der Grundgedanke ist einfach: Jeder sollte das erhalten, was er zum Überleben braucht.

Die Marktwirtschaft nutzt die Initiative der Einzelnen zum Erlangen von Reichtum, aber sorgt andererseits durch die Sozialgesetzgebung auch für die Schwachen. Dieser Ansatz vermeidet zumindest schon einmal die größten Einseitigkeiten.

- Ein idealistisch-altruistischer Ansatz ist es, dass dann, wenn an etwas Mangel besteht, dies in etwa gleichmäßig verteilt werden sollte.

- Noch ein weiterer Ansatz wurde um ca. 1916 von Sigmund Freud dargelegt: Mangel und Neid als Grundmotivationen des Menschen. Diese beiden Gefühle führen kollektiv zu Rücksichtslosigkeit und zum Streben nach

Reichtum.

Sehr wahrscheinlich ist es genau das, was das Problem des sehr ungleich verteilten Wohlstandes letztlich lösen kann: die Heilung der Mangelgefühle und des sich daraus ergebenden Neids der Menschen.

Wenn man davon ausgeht, dass sich die Menschheit in dem Zustand der Globalisierung nur dann sinnvoll verhalten kann, wenn sie sich wie eine große Familie auffasst – schließlich ist ja auch eine Familie eine Einheit von Menschen – dann reichen die oben beschriebenen Ansätze jedoch noch nicht aus.

Sehr wahrscheinlich wird es für eine sinnvolle Verteilung des Besitzes und des Wohlstandes in der globalisierten Menschheit notwendig sein, die Einkünfte nicht mehr an die Arbeit zu koppeln, sondern das Arbeiten und die Verteilung der produzierten Waren anders zu regeln – so wie auch in einer Familie die Waren nicht genau in der Entsprechung zu der geleisteten Arbeit verteilt werden, sondern nach dem Bedürfnis. Das heißt keineswegs, dass jemand einfach faul sein kann, sondern nur, dass jeder an seinem Ort das tut, was er kann und was erforderlich ist, und dafür seinen Teil an den Waren erhält.

Ein solches Verteilungssystem ist bisher leider noch nicht entwickelt worden, aber das Verhalten innerhalb einer Familie bietet zumindest schon mal einen guten Ausgangspunkt für die Entwicklung eines Verfahrens für solch eine „globale Besitz- und Wohlstands-Verteilung“.

Ein ganz anderer Aspekt des Verteilens von Waren und des Recyclings sind die Kiste vorm Haus mit Aufschrift „zu verschenken“, die „Tafeln“, an denen abgelaufene Lebensmittel aus den Supermärkten verschenkt werden, Flohmärkte, Ebay, Second-Hand-Läden, Sozialkaufhäuser und dergleichen mehr.

Der zweite Baustein der neuen Gesellschaftsordnung
Ist die gleichmäßigere Verteilung des Wohlstandes.

Der erste Baustein – die Präsenz und das Überleben – ergibt zusammen mit dem zweiten Baustein – dem ausreichenden Besitz – die Handlungsfähigkeit und das Gedeihen, den sinnvollen Einsatz der eigenen Mittel und dadurch auch den Aufbau von Formen, die das eigene Leben und auch ganz allgemein das Leben auf der Erde schützen.

Die zwölf Bausteine			
	Überleben	Besitz	

3. Fortschritt

Ⅱ

Fortschritt – das ist das Credo der Freien Marktwirtschaft. Mehr Fortschritt, höhere Umsätze, höheres Bruttosozialprodukt, mehr Wachstum, größere Gewinne, mehr Wohlstand …

Nur ist das dauerhafte Funktionieren dieses Blickes auf die Dinge bereits 1972 – also vor 53 Jahren – von dem „Club of Rome" in dem Buch „Die Grenzen des Wachstums" widerlegt worden. Wachstum ist einige Jahrzehnte lang möglich, aber dann entstehen Überbevölkerung, Rohstoffknappheit, Klimaerwärmung und ähnliches mehr.

Fortschritt im Sinne von stetigem Wirtschaftswachstum hat also eine Grenze. Wenn diese Grenze nicht geachtet wird – und am besten schon geachtet wird, bevor sie erreicht wird – wandelt sich der Fortschritt zu Zerstörung.

Also kein Fortschritt?

Doch – aber anders. Es gibt mehrere Möglichkeiten des Fortschritts, nur müssen sie sich eben innerhalb der Grenzen des Wachstums bewegen. Diese Haltung ist ein wesentliches Element eines neuen Gesellschaftssystems.

Es können z.B. neue Technologien verwendet werden, die mithilfe von Künstlicher Intelligenz („KI") die Produktion automatisieren, es können nachwachsende Rohstoffe entwickelt werden, es können effektivere Sonnenkollektoren und Windräder entwickelt werden – hier ist reichlich Raum für Erfindungen und Weiterentwicklungen.

Weiterhin kann das Recycling noch wesentlich effektiver gestaltet werden. So könnte z.B. der Plastikmüll wieder zu Rohöl zurückverwandelt werden, um dann aus diesem Öl erneut Plastik herzustellen.

Es könnten effektivere Antriebe für Flugzeuge, Eisenbahnen, Autos und Schiffe entwickelt werden.

Und es könnten standardisierte Bauteile eingeführt werden, die nach dem Ende der Nutzung einer Maschine wieder aus dieser Maschine oder diesem Apparat ausgebaut und wiederverwendet werden können. Dieses sowohl ökonomisch als auch ökologisch sinnvolle Prinzip ist schon seit 1932 durch die Entwicklung der „LEGO"-Steine bekannt.

Ein weiterer Ansatz von möglichem Fortschritt ist die Reduzierung von Vorschriften, Nachweispflichten, Verwaltung und dergleichen mehr.

Allerdings stellt sich hier die Frage, wie viel Regulierung unbedingt erforderlich ist und wie wenig Regulierung noch immer förderlich ist. Das ist leider eines der Themen, über die es entsprechend der eigenen Ansichten eine sehr große Bandbreite an Meinungen gibt.

Schließlich gibt es hier noch das Zulassen der Vielfalt an Lebensfreude – und die Neugier auf diese Vielfalt sowie die Freude über sie.

Der dritte Baustein der neuen Gesellschaftsordnung ist die Weiterentwicklung aller Formen einschließlich der Technik –
aber immer mit dem Ziel des ökologischen Schutzes der Erde.

Nachdem aus den beiden ersten Bausteinen – Präsenz/Überleben und ausreichender Besitz – lebensfördernde Formen erschaffen worden sind, entsteht nun zusammen mit dem dritten Baustein – der Freude an der Vielfalt – eine bewegliche Vielfalt von Möglichkeiten, die voller Neugier erforscht und genutzt werden und die die Lage noch einmal verbessern.

Diese drei Bausteine – Präsenz/Überleben, Besitz und Vielfalt – ergeben zusammen das „Fundament" des „Hauses" der neuen Gesellschaftsform. Dieses Fundament gibt dem Einzelnen Handlungsfreiheit, Nahrung und Bewegungsfreiheit.

Die zwölf Bausteine			
Fundament	Überleben	Besitz	Vielfalt

4. Gemeinschaften

Das Hauptproblem ist zunächst einmal die Überbevölkerung der Erde. Auf ihr leben derzeit ca. 8 Milliarden Menschen, was wesentlich zu der Klimaerwärmung und zu dem drohenden Rohstoffmangel beiträgt. Bei einer Weltbevölkerung von 2 Milliarden wie 1940 oder von 1 Milliarde wie 1870 wären diese Probleme sehr viel kleiner. Dann gäbe es auch nicht mehr das Problem der ständige wachsenden Großstädte und der Wälder, die immer weiter abgeholzt werden, obwohl sie den Sauerstoff produzieren, den wir zum Atmen brauchen.

Um zu einer Weltbevölkerung von 1-2 Milliarden zurückzukehren, wären 2-3 Generationen von 1-Kind-Familien notwendig, was keine sonderlich populäre Vorschrift wäre. Dieses autoritäre Verfahren hat China angewendet, um die Bevölkerungsexplosion in China zu aufzuhalten, aber es ist sehr zu hoffen, dass die Menschheit einen Weg findet, wieder aus Einsicht in die Notwendigkeiten allmählich auf eine für den Platz auf der Erde sinnvolles Maß zu schrumpfen.

Um sich diese Zahlen etwas anschaulicher zu machen: Sowohl in China als auch in Indien leben heute so viele Menschen wie es 1870 auf der gesamten Erde gegeben hat. In Tokio leben heute 37 Millionen Menschen – das sind so viele wie es um 1250 auf der gesamten Erde gegeben hat.

Natürlich würden sich durch die Vorschrift der 1-Kind-Familie – wenn dies von den Politikern weltweit durchgesetzt würde – neue Probleme ergeben, da sich dann der Anteil der Alten in der Bevölkerung für 2-3 Generationen, also für ca. 70 Jahre, drastisch erhöhen würde. Dies würde den Effekt der Vergrößerung des Anteils der Alten durch das verbesserte Gesundheitswesen und die leichtere Arbeit, der sowieso schon besteht, noch einmal deutlich vergrößern.

Wenn man sich das bisherige Bevölkerungswachstum anschaut, erhält man eine e-Funktion, d.h. eine Kurve, die ständig schneller wächst. Die Menschheit verdoppelt ihre Anzahl ungefähr seit ca. 1400 n.Chr. alle 150-200 Jahre. Vorher war das Wachstum sehr langsam und wurde durch Kriege, Seuchen, Hungersnöte und dergleichen immer wieder ausgebremst – doch seit ca. 1400 sind diese Einschränkungen des Bevölkerungswachstums weitgehend fortgefallen.

Das bisherige Bevölkerungswachstum wird in der untenstehenden Kurve durch die schwarze Linie dargestellt.

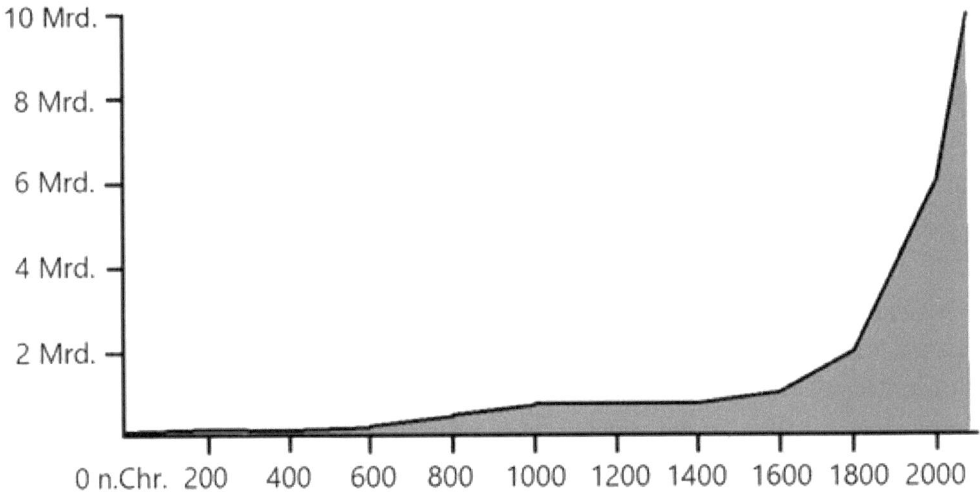

Es gibt nun verschiedene Möglichkeiten, wie sich diese Kurve weiterentwickeln könnte:

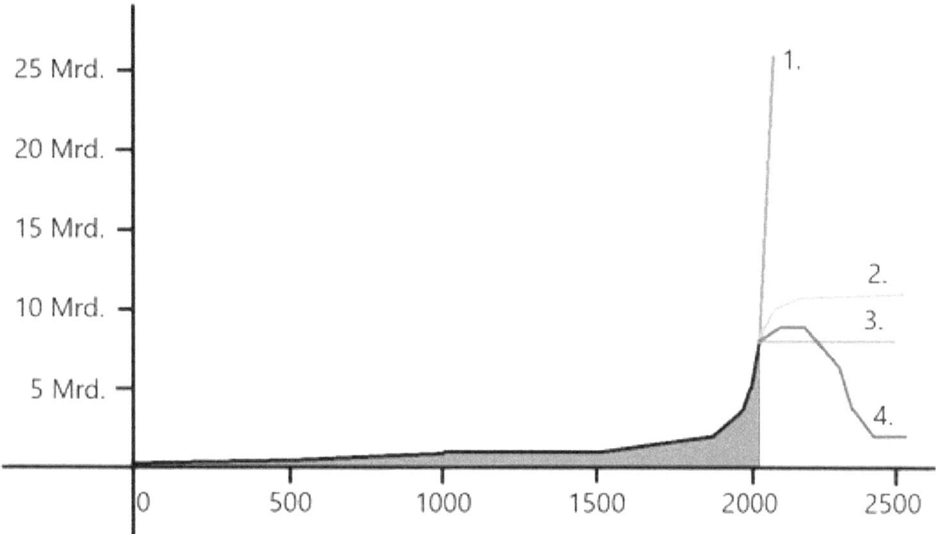

Möglichkeit 1: Das Bevölkerungswachstum bleibt weiterhin eine „Bevölkerungsexplosion" und steigt ungehindert weiter an. Um 2500 werden wir dann ca. 50 Milliarden Menschen sein. d.h. ca. 6-mal so viele wie heute.

Wenn wir nichts unternehmen, ist abzusehen, daß es irgendwann zu einem Kollaps kommen wird – bei 15 Milliarden, bei 25 Milliarden – vielleicht auch erst noch ein bißchen später. Doch endlos kann diese Entwicklung so nicht weitergehen. Es muß also etwas unternommen werden.

Möglicherweise wird sich das Wachstum jedoch auch leicht abschwächen, da derzeit vor allem noch die Bevölkerung von Indien und Afrika stark wächst und in allen anderen Regionen der Erde nur noch langsam zunimmt bzw. gleich bleibt.

Möglichkeit 2: Das Wachstum der Bevölkerung wird eingeschränkt und stabilisiert sich auf hohem Niveau. Dazu wird es notwendig sein, daß wir die Klimaerwärmung, den Hunger und das Wachstum der Wüsten kollektiv in den Griff bekommen.

Durch neue Techniken ist vermutlich auch eine größere Bevölkerungszahl auf der Erde möglich, aber mit diesen Techniken kann man erst dann planen, wenn sie bereits erfunden hat und sie ausgereift sind. Ansonsten wäre es sehr leichtsinnig, auf solche derzeit noch unbekannte Techniken zu hoffen und zu vertrauen und nichts zu unternehmen.

Es gibt einige Prognosen, die diese Entwicklung voraussagen, doch sicher ist sie nicht.

Möglichkeit 3: Das Einfrieden der Bevölkerungszahl auf dem heutigen Stand. Dafür wären rigorose politische Maßnahmen wie die Vorschrift der maximal-2-Kind-Familie notwendig, was derzeit vollkommen illusorisch wäre. Welche Partei würde so etwas vorschlagen wollen? Eine solche Maßnahme würde die persönliche Freiheit drastisch einschränken und wäre daher sehr unpopulär.

Diese Maßnahmen müßten vor allem in Indien und in Afrika getroffen werden, da die Bevölkerung dort am stärksten wächst.

Möglichkeit 4: Dies ist entweder die optimistische Version, bei der auf die Einsichtsfähigkeit der Menschen gebaut wird, die aus sich heraus beschließen, deutlich weniger Kinder zu bekommen – oder es wäre die drastische politische Version, bei der über 2-3 Generationen die 1-Kind-Familie vorgeschrieben wird.

Das wäre die Version, bei der wir auch ohne neue Techniken und große wirtschaftliche Umstellungen das Weiterleben der Menschen auf der Erde absichern würden. Durch zukünftige neue Techniken könnte die Zahl der Menschen, die auf der Erde leben können, dann wieder allmählich erhöht werden – sofern das dann noch gewünscht wird.

Für welche dieser Entwicklungen wir uns entscheiden werden, ist derzeit nicht abzusehen. Wenn wir jedoch – wie wir Menschen das ja angesichts von drohenden Katastrophen so gerne tun – gar nichts unternehmen, wird Version 1. eintreten – ungehemmtes Wachstum bis zum Kollaps. Dieser Zusammenbruch kann durch die Klimaerwärmung, Hungersnöte, Platzmangel, Verteilungskriege und vermutlich noch einiges anderes zustande kommen.

Es ist nicht klar, was wir tun werden und es ist auch nicht klar, wie wir das dann umsetzen werden – doch es ist klar, daß Nichtstun die schlechteste aller Möglichkeiten ist.

Aber bleibt uns denn eine andere Möglichkeit, als eine friedliche Lösung für das Problem der Überbevölkerung der Erde zu finden?

Ein ganz anderes Thema ist die Frage nach der besten Wohnform in dem hier untersuchten neuen Gesellschaftssystem. Dazu lassen sich mehrere Dinge sagen:

- Vermutlich wird es generell zu einer verstärkten Bildung von Gemeinschaften kommen, die nicht auf einer Verwandtschaft beruhen. Dies liegt daher nahe, weil die derzeitige Epoche der Globalisierung von ihrer Grundstruktur her eine „Menschheits-Familie" ist.

  Ansätze dazu sind z.B. WGs, selbstverwaltete Groß-WGs wie Christiania in Kopenhagen oder das ZEG in der Nähe von Berlin, und neugegründete Dorfgemeinschaften.

- Eine neue Wohnform, die auf das alte Modell der Bauernhof-Gemeinschaft zurückgreift, ist das Zusammenwohnen von mehreren Generationen. Dies hat u.a. den Vorteil, dass die Alten weiterhin Kontakt zu anderen Menschen haben und zudem auch noch die Jüngeren in vielerlei Hinsicht unterstützen können.

  Dieser Aspekt ist auch insofern wichtig, da es bei der Reduzierung der Weltbevölkerung zu einem wesentlich größeren Anteil von alten Menschen kommen wird. Wenn diese Alten noch einen Teil der Alltagsarbeit übernehmen können oder die Jüngeren durch ihre Sachkenntnis und Lebenserfahrung unterstützen können, wird das Problem, dass die Arbeitsfähigen die Alten mitversorgen müssen, etwas kleiner.

- Generell kann man vermuten, dass es viele verschiedene Wohnformen geben wird, da die Epoche der Globalisierung auch eine Epoche des Zusammenlebens von vielen verschiedenen Menschen, Kulturen und Lebensweisen ist.

- Derzeit leben 5,17 Milliarden Menschen in den Städten und nur 3,38 Milliarden Menschen auf dem Land. Es ist zu vermuten, dass die Großstädte deutlich schrumpfen werden, wenn die Weltbevölkerung sich allmählich wieder von 8 Milliarden auf 1-2 Milliarden reduziert.

  Ein Aspekt von Großstädte, der nur selten wird, ist das steigende Aggressionspotential, das entsteht, wenn Menschen auf zu engem Raum zusammenleben.

Die grundlegende Fähigkeit, die in diesem Entwicklungsschritt entsteht, ist ganz schlicht: das, was man betrachtet, wirklich ganz an sich heranlassen und es sich auf der Zunge zergehen lassen. Dadurch kann man die wirkliche Bedeutung und die wirkliche Wichtigkeit der Dinge erkennen und auch ihre Wichtigkeit für das eigene Leben und das eigene Wohlbefinden erfassen. Man lässt zu, betroffen zu werden.

Dabei ist das eigene Leben in der von einem selber ausgewählten Gemeinschaft, in der jeden jedem anderen hilft und ihn unterstützt, das zentrale Thema.

Der vierte Baustein der neuen Gesellschaftsordnung
ist die Reduzierung der Weltbevölkerung
und das Entwickeln von neuen Wohn- und Gemeinschaftsformen.

Nachdem bereits aus den ersten drei Bausteinen – Präsenz/Überleben, Besitz und Vielfalt – das „Fundament" des „Hauses" der neuen Gesellschaftsform errichtet worden ist, beginnt nun der Bau des „Hauses" selber.

Die neuen Wohn- und Gemeinschaftsformen schaffen einen leichteren und angenehmeren Zusammenhalt in den Gemeinschaften, die auch die Alten integrieren. Es bildet sich eine Gemeinschaft, d.h. der Einzelne handelt nun nicht mehr nur als Einzelner, sondern auch als Teil einer Gemeinschaft.

Die zwölf Bausteine			
	Gemeinschaft		
Fundament	Überleben	Besitz	Vielfalt

5. Selbsterkenntnis

ℑ

Ein zentrales Element der neuen Gesellschaftsordnung wird auch die Selbsterkenntnis, der Selbstausdruck, die Selbsttreue und die Selbstbestimmung des Einzelnen sein – schließlich setzt sich die Menschheit ja aus derzeit 8 Milliarden einzelnen Menschen zusammen. Nur dann, wenn die Einzelnen in sich heil geworden sind, kann auch die Menschheit als Ganzes heil werden. Und ein Mindestmaß an „Heilsein" ist unverzichtbar für das wirklich erwachsene Verhalten, das in der Epoche der Globalisierung für die derzeit anstehenden Probleme benötigt wird.

Um dieses Ziel zu erreichen, müssen bei den meisten Menschen der innere Mangel, die innere Angst und die inneren Selbstzweifel geheilt werden. Dieser Mangel zeigt sich auf „laute" Weise als Gier und auf „leise" Weise als Verzicht; die Angst zeigt sich auf „laute" Weise als Täter-Haltung und auf „leise" Weise als Opfer-Haltung; und die Selbstzweifel zeigen sich auf „laute" Weise als Angeberei und auf „leise" Weise als Schüchternheit. Der Mangel (Gier/Verzicht) muss wieder Fülle werden; die Angst (Täter/Opfer) muss wieder Kraft werden; und die Selbstzweifel (Angeberei/Schüchternheit) müssen wieder zu Selbstliebe werden.

Das ist natürlich sehr viel leichter gesagt als umgesetzt, aber das sind die drei wesentlichen Probleme, die eine Psyche haben kann – und die die Psyche davon abhalten können, das Verhalten eines Erwachsenen zu entwickeln.

Das wichtigste Element bei der Selbsterkenntnis ist die Begegnung mit der eigenen Seele – sie ist sozusagen die Eichel, aus der heraus man zur Eiche geworden ist. Wenn man sie vor sich sieht, weiß man, wer man ist. Dann endet auch die Frage nach dem Lebenssinn, da dann deutlich wird, dass er darin besteht, das, was man im Innersten ist – also die Qualität der eigenen Seele – im eigenen Leben auszudrücken. Das ist die Grundlage dafür, ein sinnhaftes, erfülltes Leben zu führen.

Wenn man der eigenen Seele begegnet ist, wird man nicht mehr in festen Rollen leben wollen, sondern wird mit einer kreativen Lebensgestaltung beginnen.

Diese Selbsttreue bedeutet keineswegs, dass man nun auf eine platte, kurzsichtige Weise egoistisch wird, sondern eben nur, dass man sich selber treu ist. Wenn zu dieser Selbsterkenntnis auch noch die Weitsicht hinzukommt, wird man auch Verantwortung für sich selber und für andere übernehmen – einfach deshalb, weil man sieht, dass man ein Teil des Ganzen ist und auch nur als Teil des Ganzen glücklich werden kann.

Die Begegnung mit der eigenen Seele kann durch Herzmeditationen, Traumreisen zur eigenen Mitte, Familienaufstellungen zur eigenen Seele und noch einige andere Methoden erreichen.

In den verschiedenen psychologischen Richtungen hat Carl Gustav Jung die Wichtigkeit dieses Erlebnisses am deutlichen beschrieben.

Der fünfte Baustein der neuen Gesellschaftsordnung
ist die Selbsterkenntnis und die Selbsttreue.

Auf dem „Fundament" des „Hauses" der neuen Gesellschaftsform, das aus Präsenz/ Überleben, Besitz und Vielfalt errichtet worden ist und die Handlungsfähigkeit des Einzelnen stärkt, nimmt nun auch der Bau des „Hauses" der neuen Gesellschaftsform allmählich Gestalt an.

Aus der Innigkeit des Erlebens des vorigen Bausteins und der Selbsterkenntnis dieses Bausteins ergibt sich die Kenntnis darüber, wer man ist und in welchen Zusammenhängen man steht. Man erlebt sich selber mit seinem eigenen Wesen und Willen in der Gemeinschaft und sucht dort nach Wegen, sich selber treu zu sein und zugleich Teil der Gemeinschaft zu bleiben.

Das ist der weitere Ausbau des „Hauses" der neuen Gesellschaftsform auf dem bereits geschaffenen Fundament, das die Handlungsfreiheit, die Nahrung und die Bewegungsfreiheit des Einzelnen sichergestellt hat.

Die zwölf Bausteine			
	Gemeinschaft	Selbsttreue	
Fundament	Überleben	Besitz	Vielfalt

6. Arbeit

♍

Die Arbeit ist für viele nur das tägliche „Hamsterrad", ein „Arbeitnehmer-Gefängnis", eine Situation, in der er von der Unternehmungsleitung nur als „Humankapitel", also als Objekt gesehen wird. Sie arbeiten den größten Teil des Tages und für die allermeisten ist die Arbeit ein Fremdkörper im eigenen Leben – sie ist nicht mehr „lebensnah" wir das Jagen oder das Aussäen des Getreides.

Hier werden andere Formen des Arbeitens gebraucht und vor allem auch sinnvolle und effektive Arbeiten mit sinnvollen Produkten, zu denen man wirklich stehen kann und die man gut findet.

Oft reicht auch das Einkommen kaum zum Leben und nach der Pensionierung muss noch weitergearbeitet werden, um den Lebensunterhalt sicherzustellen. Das kann zum Alkoholismus und zum Burnout führen.

Es muss also nicht nur der Besitz, sondern auch das Einkommen so verteilt werden, dass alle ausreichend Wohlstand zum Leben haben. Das kann dadurch erreicht werden, dass nicht nur der Besitz, sondern auch das Einkommen unabhängig von der eigenen Arbeit wie in der Familie so verteilt wird, dass es keine allzu großen Unterschiede im Wohlstand gibt.

Der Mechanismus, wie dies geschieht, muss allerdings erst noch entwickelt werden. Eine recht niedrige grundlegende Absicherung des Lebens in Form eines „bedingungslosen Einkommens" ist schon mal ein guter erster Schritt, allerdings wird noch ein Mechanismus gebraucht, der die Einzelnen trotzdem dazu anregt, das, was sie können, in die Gemeinschaft zu geben, von der sie ja auch durch dieses Grundeinkommen am Leben erhalten werden.

Jeder sollte das in die Gemeinschaft geben, was er gut kann und gerne tun will – und was in der Gemeinschaft gebraucht wird. Dafür wird er dann von der Gemeinschaft versorgt – so wie dies auch in einer Familie geschieht. Dann kann der Einzelne in würdiger Weise entsprechend den eigenen Fähigkeiten und Neigungen leben.

Es ist offensichtlich, dass dazu die Arbeitsumstände grundlegend verändert werden müssen – es darf nicht mehr das Geld im Zentrum der Aufmerksamkeit der Unternehmungsleitung sehen, sondern der Arbeiter und das Produkt müssen im Fokus der Planung stehen.

Es gibt in der Arbeit manchmal auch noch ein zweites Problem: die Arbeitssucht. Manche können aus einem inneren Mangelgefühl heraus nur noch ständig arbeiten. Andere haben eine innere Leere, die sie nur mit ihrer Arbeit füllen können. Das führt früher oder später zum Burnout und zu Depressionen.

Das Heilmittel an dieser Stelle, ist der fünfte Baustein, der in dem vorigen Schritt entwickelt worden ist: die Selbsterkenntnis. Nur sie kann diesen inneren Mangel und die innere Leere füllen und den Menschen wieder von innen heraus strahlen lassen.

Ein weiterer, ganz anderer Aspekt ist die Automatisierung von vielen Arbeiten durch Künstliche Intelligenz und Roboter. Dadurch kann sowohl die Schwere der körperlichen Arbeit als auch die Dauer der Arbeitszeit des Einzelnen reduziert werden, was letztlich zu mehr Freizeit führt.

Der sechste Baustein der neuen Gesellschaftsordnung ist eine Form des Arbeitens, die den Fähigkeiten und Neigungen der Arbeiter entspricht.

Nachdem bereits aus den ersten drei Bausteinen – Präsenz/Überleben, Besitz und Vielfalt – das „Fundament" des „Hauses" der neuen Gesellschaftsform errichtet worden ist, ist nun auch der Bau des „Hauses" der neuen Gesellschaftsform abgeschlossen. Dieses „Haus" besteht wieder aus drei Bausteinen – Gemeinschaft, Selbsttreue und Arbeit – und ermöglicht dem Einzelnen, als Teil einer Gemeinschaft in Selbsttreue eine sinnvolle Arbeit zu verrichten, durch die er zum Erhalt und Gedeihen der Gemeinschaft beiträgt.

Diese zweimal drei Bausteine sind jeweils ein Dreischritt, der aus Erschaffen, Ausgestaltung und Nutzung besteht.

Die zwölf Bausteine			
Haus	Gemeinschaft	Selbsttreue	Arbeit
Fundament	Überleben	Besitz	Vielfalt

7. Kooperation

♎

Der Blick weitet sich nun. In der ersten Dreiheit von Schritten ging es um den Einzelnen, in der zweiten Dreiheit von Schritten ging es um den Einzelnen in der Gemeinschaft, und nun geht es um das Verhältnis zwischen verschiedenen Gemeinschaften und zwischen den Mitgliedern verschiedener Gemeinschaften.

Eine Gemeinschaft hält zusammen und jeder sorgt wie in einer Familie für die ganze Gemeinschaft. Natürlich gibt es auch in der Familie Streitereien und Auseinandersetzungen, aber die Existenz der gesamten Familie wird in der Regel geschützt.

Zwischen verschiedenen Gemeinschaften und zwischen den Mitgliedern verschiedener Gemeinschaften besteht jedoch oft eine Konkurrenz. Daraus sind der Wettbewerb, die Freie Marktwirtschaft, die Demokratie und sekundär auch die Monopole, die Herrschaftsstrukturen und ähnliches entstanden.

Die Konkurrenz als Grundprinzip einer Gesellschaftsordnung ist jedoch ineffektiv, da Arbeiten oberflächlich gemacht werden, nur kurz haltbare Produkte hergestellt werden, und weil ein großer Teil der Energie in den Kampf gegen die anderen geht.

Die Kooperation als Grundprinzip einer Gesellschaftsordnung ermöglicht hingegen die Zusammenarbeit der Menschen. Innerhalb von einzelnen Betrieben ist das teilweise schon erkannt worden – sowohl in kleinen Kooperativen als auch in Konzernen (oft im Zusammenhang mit dem „slim management") und auch im ganz Großen, was zu der Bildung der EU, der UNO und ähnlichen Bündnissen geführt hat.

Die Kooperation als Rahmen für die Konkurrenz ist eine Alternative zum dem Konkurrenz-basierten Markt-Prinzip. Diese neue Grundstruktur muss allerdings noch weiter erforscht und entwickelt werden. Vermutlich wird dies – wie bei fast allen grundlegenden Veränderungen – sowohl durch viele kleine Experimente, die einzelne Gruppen durchführen, als auch durch einige grundlegende Erkenntnisse geschehen.

Diese Kooperation ist offensichtlich auch die Grundlage für das Ende der Kriege und somit die Grundlage für den schon lange ersehnten Weltfrieden.

27

Das einzige konkrete friedensfördernde Element, das bisher sichtbar geworden ist, ist der Zusammenhalt von allen anderen Staaten gegen den Staat, der einen Krieg gegen einen anderen Staat beginnt, denn kein Staat will alle anderen gegen sich haben. Das lässt sich natürlich nur dann erreichen, wenn die einzelnen Staaten nicht zum großen Teil wirtschaftlich oder militärisch von dem angreifenden Staat abhängig sind. Manchen Staaten wird solch ein Angriffskrieg auch egal sein – meistens ganz einfach deshalb, weil er weit entfernt stattfindet.

Trotz dieser Einschränkungen ist dieser Ansatz „der Angreifer hat alle anderen gegen sich" bislang der erfolgversprechendste Ansatz.

Dabei ist es allerdings notwendig, auch schon bei kleinen Grenzverletzungen Widerstand zu leisten. So hat Wladimir Putin anhand der Eroberung der Krim geprüft, wie viel Widerstand sich gegen seine Eroberung regt und daraufhin dann die ganze Ukraine angegriffen. Hätte es bereits bei seiner Eroberung der Krim internationalen Widerstand gegeben, wäre es nicht zu dem Angriff auf die gesamte Ukraine gekommen.

Eine solche Kooperation – hier die gemeinsame Verteidigung eines Angegriffenen – ist natürlich nur dann effektiv, wenn allen Beteiligten die Notwendigkeit dieser gemeinsamen Verteidigung klar ist.

Im Grunde müsste solch ein Bündnis wie die NATO in derselben Weise wie die UNO auf alle Länder ausgeweitet werden, sodass jedem einzelnen Staat klar wäre, dass er bei einem Angriff auf einen anderen Staat alle anderen Staaten gegen sich hat.

Aus der Sicht der Kooperation ist eine große Vielfalt an Kulturen, Lebensweisen und individuellen Lebensentwürfen wünschenswert, da dadurch auch eine größere Vielfalt an Erkenntnissen, Zusammenarbeit und Entwicklungen möglich wird. Die Vielfalt wird als Bereicherung gesehen und erlebt.

Dazu muss natürlich sicher sein, dass die Andersartigkeit der anderen nicht dazu führt, die eigene Lebensweise in Frage zu stellen oder gar zu bedrohen. Dafür braucht jeder seien geschützten Raum – Haus, Stadt, Kulturbereich – in dem er sich in seiner eigenen Art sicher fühlt. Dann kann der einzelne auch hinausgehen und sich in der Fußgängerzone, auf dem Markt, in exotischen Läden, auf Festen, auf Konzerten, bei Fußballwettkämpfen und ähnlichem mehr an der Vielfalt der Menschen erfreuen und daran, wie bunt die verschiedenen Kulturen sind.

*Wenn man sich der eigenen Lebensweise und der eigenen Kultur sicher sein kann,
kann man sich auch an dem Rock eines Schotten, dem Sari einer Inderin oder dem
Kopfschmuck eines Maya erfreuen.*

Auch wenn die „anderen" in das „eigene" Land kommen und dort bleiben, braucht es die Sicherheit, dass beide ihrem Lebensstil treu bleiben können. Oft entsteht die Integration ganz schlicht über das Essen: über die Eissaloons der Italiener, die Restaurants der Griechen, die Dönerläden der Türken … Auf diese schlichte Weise erlebt man, dass auch die „anderen" gar nicht so sehr anders sind und dass sie durchaus auch eine Bereicherung sein können.

Das bedeutet nicht, dass es dabei keine Schwierigkeiten geben kann – aber Schwierigkeiten im Rahmen eines grundsätzlichen Annehmens der Unterschiede der anderen ist etwas anderes als das Ablehnen oder gar Bekämpfen der anderen.

Die allgemeine Kooperation beinhaltet auch, dass man sieht, wo Probleme entstehen und dass man sich dann auch darum kümmert – auch wenn sie weit weg sind. In der heutigen globalisierten Welt ist nichts mehr so weit von uns selber entfernt, dass es keine Auswirkungen auf uns selber haben könnte.

Wenn wir das Klima erwärmen und dadurch die Wüsten wachsen, verlieren viele Menschen ihre Heimat und flüchten in die Länder, in denen es noch Wasser gibt und in denen man noch leben kann. Wenn Kriege ausbrechen, flüchten viele Menschen ganz einfach, um zu überleben, in andere Länder.

Einige Menschen aus anderen Ländern aufzunehmen ist kein Problem, aber sehr viele Menschen aus anderen Ländern auszunehmen ist ein Problem, da sie integriert werden müssen, da dann die Bevölkerungsdichte steigt, weil mehr Wohnungen gebraucht werden, weil in großem Maß eine fremde Kultur in der eigenen Kultur präsent wird.

Kooperation erfordert also auch Weitsicht. Das Problem der Migration, die ihren Höhepunkt derzeit sicherlich noch nicht erreicht hat, ist im Grunde genommen das Problem der Klimaerwärmung und der Kriege. Und das Problem der Klimaerwärmung ist wiederum zu einem großen Teil auch erst durch die Überbevölkerung der Erde entstanden.

Kooperation erfordert nicht nur Freundlichkeit und Hilfsbereitschaft allen anderen

Menschen gegenüber, sondern auch die Suche nach den eigentlichen Wurzeln der auftretenden Probleme, die dann gemeinsam betrachtet und gelöst werden müssen. Das Aufnehmen von Migranten ist Erste Hilfe, aber nicht die Lösung des eigentlichen Problems.

Wenn von Kooperation gesprochen wird, klingt das oft nach „Vermeidung von Konflikten". Das ist natürlich durchaus ein wichtiger Aspekt der Kooperation, doch darin erschöpft sich die Kooperation keineswegs. Durch die Zusammenarbeit von Menschen oder Gemeinschaften mit verschiedenen Talenten, Kenntnissen und Möglichkeiten kann ein Ziel oft viel einfacher erreicht werden als wenn man alles selber machen würde.

Diese Form der Kooperation findet sich in jeder Familie und auch in den meisten Unternehmen, in denen es viele Spezialisten gibt, die für eine bestimmte Aufgabe zuständig sind. Dieses Prinzip lässt sich auch auf alle anderen Lebensbereiche übertragen.

Der siebte Baustein der neuen Gesellschaftsordnung ist die Kooperation,
die stets auf einer gründlichen Erforschung der Situation beruht.

Nun gibt es bereits das „Fundament" des „Hauses" der neuen Gesellschaftsordnung, das den Einzelnen durch drei Bausteine – Präsenz/Überleben, Besitz und Vielfalt – fördert, und dazu das „Haus" selber, das den Einzelnen in der Gemeinschaften durch drei Bausteine – Gemeinschaft, Selbsterkenntnis und Arbeit – fördert.

Nun werden als nächstes „Wege" zu den anderen „Häusern" erschaffen, durch die die Einzelnen in ihren verschiedenen Gemeinschaften miteinander in Austausch treten und miteinander zusammenwirken und sich gegenseitig bereichern können.

Zudem werden nun auch die Qualitäten der drei Spalten deutlicher: erschaffen, ausgestalten und nutzen.

Die zwölf Bausteine			
	erschaffen	*ausgestalten*	*nutzen*
Wege	Kooperation		
Haus	Gemeinschaft	Selbsttreue	Arbeit
Fundament	Überleben	Besitz	Vielfalt

8. Entscheidungen

♏

Es wird ein System gebraucht, mit dessen Hilfe in der Kooperation der einzelnen Gemeinschaften Entscheidungen getroffen und auch durchgesetzt werden. Das bedeutet auch, dass geklärt werden muss, wie mit Macht umgegangen wird. Jedes System muss sowohl effektiv als auch durchsetzungsfähig sein, da es sonst untergehen wird.

Wie kann das möglich sein?

Im Wesentlichen ist es die Einsicht in die Vorteile der Kooperation gegenüber der Konkurrenz, die der neuen Gesellschaftsform die Kraft gibt, fast alle zu überzeugen und sich durchzusetzen. Wenn allen die Vorteile der Kooperation vollkommen deutlich sind, werden sie sich auch gemeinsam gegen die wehren, die versuchen, diese Kooperation zu stören oder gar zu zerstören. Darin besteht letztlich die Macht der Kooperation.

Die UNO ist ein Ansatz zu einem solchen Entscheidungssystem. Sie hat allerdings noch einen Mangel in der Motivation, da sie gegründet worden ist, um einen weiteren Weltkrieg zu verhindern. Sie beruht also auf der Erkenntnis, dass die extremste Form der Konkurrenz – also der Krieg – vermieden werden muss. Der Vorteil der Kooperation wird hingegen erst so nach und klarer und ist noch nicht die zentrale Motivation innerhalb der UNO. Die UNO war also zunächst eine Einrichtung, die etwas vermeiden wollte, und nicht eine Einrichtung, die etwas erschaffen wollte.

Allerdings ist die UNO im Laufe der Zeit gewachsen und hat solche Sonderorganisationen wie die WHO (Weltgesundheitsorganisation), die FAO (Welternährungsorganisation) oder den IMF (Internationaler Währungsfonds) gegründet. Die 15 Sonderorganisationen der UNO entwickeln bereits alle die Kooperation zwischen den derzeit 195

Staaten auf der Erde. Sie sind allerdings noch nicht zu der prägenden Organisationsform der Menschen geworden – aber Kooperation ist auch etwas, was nicht gegründet werden kann, sondern etwas, das schrittweise wachsen muss. Schließlich kann die Kooperation – wie bereits gesagt – nur aus der Einsicht in die Vorteile der Kooperation heraus entstehen und eine stabile, tragende Form erlangen.

Wirklich stabil wird die Kooperation vermutlich erst dann werden, wenn sie in alle Lebensbereiche Einzug gehalten hat und sich dort als nützlich erwiesen hat. Das bedeutet, dass auch ein Wirtschaftssystem und ein Regierungssystem gefunden und verwirklicht werden muss, die auf der Kooperation beruhen und die die Wirtschaftsabläufe und das Vorgehen bei kollektiven Entscheidungen kooperativ gestalten. Diese Kooperations-Formen sind noch nicht entwickelt worden, auch wenn es bereits Ansätze dazu gibt.

Über diese Kooperations-Organisationsformen lassen sich schon ein paar Dinge sagen:

- Sie haben das Überleben und das Wohlergehen der Menschen als Richtschnur.

- Die Entscheidungen werden von denen getroffen werden, die die Folgen betreffen – Fragen der Ökologie und des Friedens z.B. also von allen gemeinsam (UNO).

- Es gibt eine Hierarchie von Entscheidungen, die davon abhängen, wie weitreichend die Auswirkungen dieser Entscheidungen sind. Die Ebenen dieser Hierarchie sind wahrscheinlich: Erde – Staatenbund – Staat – Land – Stadt – Sippe – Familie – Einzelner.

- Die Durchsetzung der Entscheidungen beruht zum größten Teil auf der Einsicht der Einzelnen, dass diese Entscheidungen sinnvoll sind.

- Die Einsicht in den größeren Nutzen der Kooperation zügelt die Konkurrenz – und verhindert dadurch destruktive Kämpfe und Kriege.

Das ist jetzt natürlich nur eine erste Skizze einer solchen auf Kooperation beruhenden Entscheidungsform, aber sie kann zumindest grob die Richtung weisen.

Der achte Baustein der neuen Gesellschaftsordnung ist die Einsicht, dass die Kooperation effektiver ist als die Konkurrenz.

Der erste Baustein im Zusammenleben von Gemeinschaften war die Entdeckung, dass die Kooperation effektiver ist als die Konkurrenz. Dadurch ergibt sich als zweiter Baustein, dass die allermeisten Einzelnen und auch die allermeisten Staaten nach dem Prinzip der Kooperation handeln wollen und sich daher kollektiv allen, die diese Form des Zusammenlebens stören wollen, entgegenstellen.

Das Zusammenleben und Zusammenwirken in der Form der Kooperation erhält seine Kraft dadurch, dass es effektiver ist und zu besseren Ergebnissen führt als das Konkurrenz-Prinzip.

Die zwölf Bausteine			
	erschaffen	*ausgestalten*	*nutzen*
Wege	Kooperation	Einsicht	
Haus	Gemeinschaft	Selbsttreue	Arbeit
Fundament	Überleben	Besitz	Vielfalt

9. Zielausrichtung

Aus den beiden vorigen Schritten ergibt sich ein neues Wertesystem, das die Ausrichtung der in diesem Booklet betrachteten neuen Gesellschaftsform ist. Wenn die im Vergleich zum Konkurrenz-Prinzip deutlich größere Effektivität der Kooperation deutlich geworden ist und sie daher zu dem Entscheidungsprinzip geworden ist, wird sie auch alle Abläufe zwischen den Gemeinschaften prägen.

Jeder wird als erstes schauen, wie etwas am sinnvollsten gemacht werden kann und wie man am besten zum Ziel kommt.

Vermutlich wird es dabei Menschen geben, die besonders gut dazu in der Lage sind, einen Zusammenhang oder eine Situation klar und deutlich darzustellen, sodass sie andere davon überzeugen können, dass eine bestimmte Verhaltensweise am sinnvollsten ist und auch keine langfristigen Nachteile mit sich bringt.

Diese „Redner" werden bei dem Treffen von Entscheidungen und bei den Beratungen über das weitere Vorgehen eine wichtige Rolle spielen. Diese Redner werden allerdings etwas anders klingen als die heutigen Politiker, da sie vor allen durch sachliche Argumente und klare Darstellungen überzeugen – und nicht den Vorschlag des anderen durch Polemik zerstören wollen.

Das liegt daran, dass in einem auf Konkurrenz beruhenden System wie der Marktwirtschaft oder der Demokratie der eigene Sieg durch die Niederlage aller Gegner angestrebt wird. In einem auf der Kooperation beruhenden System wird sich hingegen der durchsetzen, der ganz auf die Sache selber ausgerichtet ist, der die Zusammenhänge und Konsequenzen sehen und darstellen kann und daher auch die zuverlässigsten Prognosen für eine bestimmte Verhaltensweise darlegen kann.

Diese „Redner" sind also nicht in erster Linie Politiker, sondern Wissenschaftler und

Sachverständige, die eine Sache daher sachlich darstellen können. Ihr Einfluss besteht nicht in einer dominanten Rhetorik, sondern in einer klaren Rhetorik, die leicht verständlich ist und die die Sache auf tiefgehende Weise darstellen und erläutern kann, sodass die Vorhersagen dieses Redners für die Folgen einer bestimmten Entscheidung fast immer zutreffend sind.

Der neunte Baustein der neuen Gesellschaftsordnung ist das gründliche Erfassen und Beschreiben einer Situation und der Konsequenzen der Entscheidungs-Möglichkeiten in dieser Situation.

Somit ist auch der dritte Dreischritt der „Bausteine", aus denen das „Haus" der neuen Gesellschaftsordnung errichtet wird, abgeschlossen. Dieser dritte Dreischritt, der sich auf das Zusammenwirken von Gemeinschaften bezieht, besteht 1. aus dem gründlichen Verstehen der größeren Effektivität der Kooperation im Vergleich zu der Konkurrenz; 2. aus der Durchsetzung des auf der Kooperation beruhenden Verhaltens gegenüber Aggressoren durch die Einigkeit aller übrigen Menschen oder Staaten; und 3. aus einzelnen Personen oder Gruppen, die in der Lage sind, die Zusammenhänge bei einem Thema und die Folgen der möglichen Entscheidungen klar und deutlich darzustellen und die dadurch wesentlich dazu beitragen, dass stets sinnvolle Entscheidungen getroffen werden.

Aus dieser dritten Gruppe von drei „Bausteinen" werden nun nach dem „Fundament" und dem „Haus", die auch jeweils aus drei „Bausteinen" erbaut worden sind, sozusagen die „Straßen" in der Stadt und die „Wege" in der Landschaft erschaffen.

Die zwölf Bausteine			
	erschaffen	*ausgestalten*	*nutzen*
Wege	Kooperation	Einsicht	Entscheidungen
Haus	Gemeinschaft	Selbsttreue	Arbeit
Fundament	Überleben	Besitz	Vielfalt

10. Sachlichkeit

Nach der ersten Dreiheit von „Bausteinen", die den Einzelnen beschrieben haben, der zweiten Dreiheit von „Bausteinen", die die den Einzelnen in seiner Gemeinschaft beschrieben haben, und der dritten Dreiheit von „Bausteinen", die das Miteinander der Gemeinschaften beschrieben hat, beginnt nun die Betrachtung des Gesamtsystems, das sich daraus ergibt.

Die beiden eng zusammenhängenden Grundprinzipen in diesem Gesamtsystem sind die Selbsterhaltung und die Sachlichkeit – wobei diese Sachlichkeit auch den Weitblick beinhaltet, also die Berücksichtigung aller möglichen direkten Folgen und Spätfolgen einer bestimmten Entscheidung.

Daher wird nichts mehr beschlossen und getan, was zu langfristigen Schäden führen könnte.

Diese Sachlichkeit, die zunächst sehr schlicht und auf den ersten Blick möglicherweise fast einfältig wirkt, hat jedoch in vielen Bereichen sehr große Auswirkungen:

- Zunächst werden Grenzwerte für die Größe der Weltbevölkerung, den Rohstoffverbrauch, den Energieverbrauch, die Mindestgröße der Wälder (die den Sauerstoff produzieren) usw. festgelegt, um das Überleben der Menschen zu sichern.

  Daraus ergibt sich der Entwurf eines stabiles Gesamtsystems, bei dem alle Wechselwirkungen berücksichtigt worden sind.

- Auch die Grenzwerte in diesem System hängen alle miteinander zusammen: Wenn die Wälder grösser sind, kann mehr CO_2 ausgestoßen werden; wenn die Autos weniger Abgase abgeben, kann mehr gefahren werden; wenn weniger Fleisch gegessen wird und daher der Anbau von Pflanzen zunimmt, können auf derselben Fläche wie zuvor deutlich mehr Nahrungsmittel angebaut werden, was die Maximalgröße der Weltbevölkerung erhöht; usw.

Die Grenzwerte lassen sich also variieren, wenn gleichzeitig auch andere Grenzwerte verändert werden oder neue Verhaltensweisen entstehen oder neue Produktionsweisen eingeführt werden.

- Das Verursacherprinzip, also die Verantwortung des Verursachers für alle Folgen seines Handelns – auch für alle langfristigen Folgen – wird dazu führen, dass die tatsächlichen Kosten eines Handelns deutlich werden und dadurch nicht mehr der Einzelne den kurzfristigen Nutzen seines Handelns erhält, aber den langfristigen Schaden an die Gemeinschaft abschieben kann.

- Das Herstellen von ausschließlich lange haltbaren Produkten führt zwar zu einer leichten Erhöhung der benötigten Arbeitskraft und des benötigten Materials für das einzelne Produkt, doch da das Produkt dann wesentlich länger hält, ist für die Gesamtzahl der benötigten Produkte weniger Arbeit und Material notwendig.

Wenn ein Auto, das viermal so lange fährt wie ein normales, heutiges Auto, mit doppelt so viel Arbeitskraft und Material hergestellt werden kann, werden für das eine haltbare Auto letztlich jedoch nur halb so viel Arbeit und Material benötigt wie für die vier heutigen Autos, die man während der Lebenszeit dieses haltbaren Autos brauchen würde.

Es wird also die Hälfte an Material eingespart und auch die Hälfte an Arbeitszeit. Das bedeutet, dass die Rohstoffe länger halten und dass die Menschen nur noch halb so viel Zeit arbeiten müssen.

- Wenn sich Arbeitgeber und Arbeitnehmer um die Bezahlung und die Ausgestaltung der Arbeit streiten, leidet letztlich vor allem die Arbeit selber darunter. Schließlich wollen die Arbeitnehmer möglichst viel Geld für ihre Arbeit erhalten und die Arbeitgeber wollen möglichst wenig Lohn für die Arbeit zahlen.

Zudem ist bei der Aufteilung in Arbeitgeber und Arbeitnehmer die Arbeit für den Arbeitgeber ein Fremdkörper im eigenen Leben, und der Arbeitnehmer ist für den Arbeitgeber nur ein Objekt in seiner Fabrik – „Humankapital" …

- Dasselbe gilt auch für Mieter und Vermieter – unter den verschiedenen Bestrebungen dieser beiden Parteien leidet vor allem die Wohnung selber. Der Mieter will möglichst wenig zahlen und der Vermieter will möglichst viel erhalten. Die Wohnung ist für den Vermieter letztlich nur ein Mittel, um Geld zu erhalten.

  Wenn der Vermieter eine Wohnung für sich selber bauen lässt, wird er andere Maßstäbe anlegen als wenn er eine Wohnung für einen Mieter bauen lässt.

- Es ist generell notwendig, die Geld-Fixierung zugunsten einer Sach-Zentrierung aufzulösen – denn unter der Geld-Fixierung leiden vor allem die Produkte. Das Geld hat die Dynamik, den Blick von der Sache selber abzulenken: Alle wollen erst einmal viel Geld haben, um sich dann alles leisten zu können. Das führt dazu, dass der Blick ständig von der Arbeit und der Produktion zu dem Geld hin abgelenkt wird – und es sollte doch eigentlich darum gehen, effektiv und menschenwürdig arbeiten zu können.

  Weiterhin kann man mit Geldgeschäften deutlich mehr verdienen als mit Arbeit, die tatsächlich etwas produziert. Das bedeutet, dass diejenigen, die Geldgeschäfte machen, ein deutlich größeres Stück von dem Kuchen abbekommen als diejenigen, die den Kuchen tatsächlich mit ihrer Arbeit herstellen.

  Einnahmen aus Geldgeschäften sind im Grunde eine Form des intensiven Schmarotzertums.

- Wenn bei allen Maschinen das „LEGO"-Prinzip angewendet wird und daher viele der Bauteile der Maschine nach dem Ende ihrer Benutzung wiederverwendet werden können, spart das viel Material und Arbeit.

- Diese hier dargestellte Sachlichkeit und Sachbezogenheit hat auch eine sehr direkte Auswirkung auf die Effektivität. Wenn man z.B. mit einem Hersteller den Vertrag abschließt, dass der Hersteller immer für genügend Licht im eigenen Haus sorgt und er dafür monatlich einen bestimmten Betrag erhält, wird der Hersteller bemüht sein, die Lampen in diesem Haus möglichst haltbar und energiesparend zu konstruieren, da das seine Kosten verringert und folglich seinen Gewinn erhöht.

- Bei den heute üblichen Verträgen, bei denen man Lampen und Glühbirnen kauft, erhöht es hingegen den Gewinn der Hersteller, wenn die Glühbirnen nicht lange halten und der Kunde schon bald neue Glühbirnen nachkaufen muss.

Der Ansatz „Licht statt Lampen" führt also zu der Entwicklung und Herstellung von ökologisch sinnvollen Lampen und Glühbirnen.

Dies ist nur eine Auswahl der Auswirkung einer konsequenten Sachlichkeit. Sie führt automatisch auch zu einem ökologisch sinnvollen Verhalten.

Weiterhin führt diese Sachlichkeit auch zu einer deutlich verringerten Zeit, die jeder pro Woche arbeiten muss.

Wenn zudem auch noch alle darauf achten, was sie wirklich brauchen, wird sich auch das Maß an produzierten Waren verringern, was wiederum dazu führt, dass weniger Rohstoffe verbraucht werden und die Freizeit der Menschen noch grösser wird.

Letztlich wird aus diesen Ansätzen ein ganz neuer Blick auf die Wirtschaft entstehen: Das Wirtschaftswachstum wird nicht mehr das „goldene Kalb" der Ökonomen sein, sondern die sinnvolle Produktion, die genau das zur Verfügung stellt, was wirklich gebraucht wird – und das auf eine ökologisch sinnvolle und menschenwürdige Weise macht.

Der zehnte Baustein der neuen Gesellschaftsordnung ist die Sachlichkeit, die dazu führt, dass nur noch die wirklich benötigten Produkte hergestellt werden – und das auf ökologische Weise.

Nach den drei „Bausteinen" des ersten Dreischritts, die sich auf den Einzelnen bezogen, den drei „Bausteinen" des zweiten Dreischritts, die sich auf den Einzelnen in der Gemeinschaft bezogen, und den drei „Bausteinen" des dritten Dreischritts, die sich auf die Beziehungen der Gemeinschaften untereinander bezogen, hat nun die Betrachtung des gesamten Systems begonnen. Der erste Baustein ist hier die „Sachlichkeit", durch die man die Dinge so sehen kann, wie sie tatsächlich sind – und durch die man zu einem sachbezogenen Handeln zurückkehrt.

Die zwölf Bausteine			
	erschaffen	*ausgestalten*	*nutzen*
Land	Sachlichkeit		
Wege	Kooperation	Einsicht	Entscheidungen
Haus	Gemeinschaft	Selbsttreue	Arbeit
Fundament	Überleben	Besitz	Vielfalt

11. Gesamtentwurf

≈

Als nächstes werden Gesamtbetrachtungen benötigt, die das gesamte System transparent werden lassen und die auch die großen Zusammenhänge deutlich werden lassen. Dieser Überblick ist das, was letztlich den Willen zur Kooperation effektiv werden lässt.

Es werden „Glasperlenspiele" gebraucht, wie Hermann Hesse solche Gesamtdarstellungen eines Themas genannt hat, die sich über mehrere Tage erstrecken können. Als Hilfsmittel können dabei solche universellen Strukturen wie der kabbalistische Lebensbaum, das chinesische Ba Gua, das indische Vastu Purusha, der Tierkreis (wie in dieser Buch-Reihe) und ähnliche Grundstrukturen verwendet werden. Dadurch können Entwicklungen, Vernetzungen und der Aufbau von Systemen ausreichend deutlich werden und dann als Grundlage für langfristig sinnvolle Entscheidungen dienen.

Diese Einsicht in die Gesamtzusammenhänge ermöglichen eine schnellere Orientierung in seiner Situation. Wenn man die allgemeinen Dynamiken wie z.B. Grenzwerte, Wechselwirkungen und zentrale Größen, die das ganze lenken, verstanden hat, wird es einfacher, eine Situation zu analysieren und zutreffende Vorhersagen für die Folgen der verschiedenen Handlungsmöglichkeiten zu machen.

Dabei wird danach gestrebt, möglichst schlichte und zugleich allgemeingültige Aussagen über das Gesamtsystem zu finden – also letztlich die „Weltformel" zu finden.

Die Fortschritte bei dieser Suche nach den allgemeingültigen Aussagen und der „Weltformel" werden dann ihrerseits auch die Darstellungen von Gesamtzusammenhängen durch „Glasperlenspiele" deutlicher und leichter verständlich machen. Auch die universellen Strukturen wie der bereits genannte Lebensbaum, das Ba Gua oder der Tierkreis werden durch die Verwendung in diesen „Glasperlenspielen" deutlicher werden, wodurch sich ihr Gebrauch auch im Alltag einbürgern wird.

Der elfte Baustein der neuen Gesellschaftsordnung
ist das Begreifen des Gesamtsystems.

Dies ist der zweite „Baustein", aus dem das Gesamtsystem besteht. Die Sachlichkeit des vorigen „Bausteins" ermöglicht es, das Gesamtsystem zu begreifen, also den zweiten „Baustein" herzustellen.

Die zwölf Bausteine		
	erschaffen	*ausgestalten*	*nutzen*
Land	Sachlichkeit	Gesamtsystem	
Wege	Kooperation	Einsicht	Entscheidungen
Haus	Gemeinschaft	Selbsttreue	Arbeit
Fundament	Überleben	Besitz	Vielfalt

12. Menschheit

H

Die Betrachtung, Erforschung und Beschreibung des Gesamtsystems in dem vorigen Schritt führt auch dazu, dass man nicht nur die materiellen Abläufe sieht, sondern auch das Bewusstsein.

Das wiederum hat zur Folge, dass spätestens jetzt auch die Religion, die Meditation und die Magie in das neue Gesellschaftssystem miteinbezogen werden. Dabei wird mit diesen drei Bewusstseinsbereichen jedoch genauso wie mit einer Erfahrungswissenschaft, also mit einer Naturwissenschaft umgegangen, d.h. es wird experimentiert, betrachtet, allgemeingültig formuliert und dann angewendet.

Dadurch ergeben sich neue Möglichkeiten der Kooperation oder genauer gesagt, des „Lenkens des Zufalls". Man kann sich etwas wünschen, darüber meditieren oder eine Gottheit um etwas bitten – und der „sinnvolle Zufall" führt es dann zu einem. Man könnte auch sagen, dass man sich in das kollektive Unterbewusstsein einschwingt und dass dieses kollektive Unterbewusstsein dann die „sinnvollen Zufälle" bewirkt.

Dass so etwas möglich ist, weiß man natürlich erst dann, wenn man solche „sinnvollen Zufälle" mehrfach erlebt hat.

Dieses Lenken des Warenflusses mithilfe des Wünschens, der Telepathie und des Gebets klingt möglicherweise etwas ungewohnt, aber innerhalb eines kleinen Rahmens kann das durchaus schon heute zu einer wesentlichen Hilfe im Alltag werden.

Das kollektive Unterbewusstsein ist gewissermaßen eine nicht-materielle Variante des Internets, über das ebenfalls der Warenfluss gelenkt werden kann – insbesondere über „amazon" und „E-bay". Das kollektive Unterbewusstsein ist insbesondere bei Warenflüssen vor Ort und bei der Suche nach besonders ausgefallenen Dingen sehr hilfreich.

Dazu ist es notwendig, das Wünschen zu üben – so wie man bei amazon und Ebay im Internet sucht, kann man auch sich hinsetzen und sich etwas wünschen und sich schon mal drauf freuen, dass es kommen wird. Das ist natürlich kein verkrampfter Vorgang, sondern etwas Entspanntes, Unspektakuläres.

Dieses Wünschen gehört zu den Dingen, die man erst wirklich verstehen kann, wenn man sie mehrmals erlebt hat. Dieses Wünschen ähnelt dem Gefühl, das man hat, wenn man von jemandem von hinten angestarrt wird und man sich dann umdreht, um zu sehen, wer das ist. Dieses Spüren des Angestarrtwerdens ist die „passive Variante" derselben Fähigkeit, von der das Wünschen die „aktive Variante" ist.

Dieser Ansatz, bei dem Bewusstsein und Materie als gleichermaßen als real erkannt worden sind, wird auch zu einer ganzheitlichen Heilkunst führen, die auch alternative Heilweisen, die Psyche und das soziale Umfeld miteinbezieht.

Der zwölfte Baustein der neuen Gesellschaftsordnung
ist die Einbeziehung des Bewusstseins und seiner Wirkungsmöglichkeiten.

Dieser dritte „Baustein" des vierten Dreischritts verbindet schließlich die Einzelnen wirklich zu einer umfassenden, globalen Gemeinschaft. Der Einzelne wird nun von dem Ganzen in Vertrauen getragen und der Einzelne trägt auch das Ganze in Verantwortung.

- - -

Das „Land" der neuen Gesellschaftsordnung ist nun fertig erschaffen worden und die Menschen in diesem „Land" sind nun zu „Eltern der Erde" geworden.

Die zwölf Bausteine			
	erschaffen	*ausgestalten*	*nutzen*
Land	Sachlichkeit	Gesamtsystem	Bewußtheit
Wege	Kooperation	Einsicht	Entscheidungen
Haus	Gemeinschaft	Selbsttreue	Arbeit
Fundament	Überleben	Besitz	Vielfalt

Diese 12 Bausteine entsprechen den 12 Tierkreiszeichen – in jedem der 12 Kapitel dieses Buches ist aus der Qualität jedes dieser 12 Tierkreiszeichen einer der 12 Bausteine des neuen Gesellschaftssystems erschaffen worden.

Die zwölf Bausteine (der Tierkreis)			
	erschaffen	*ausgestalten*	*nutzen*
Land (Erde)	♑ Sachlichkeit	♒ Gesamtsystem	♓ Bewußtheit
Wege (Luft)	♎ Kooperation	♏ Einsicht	♐ Entscheidungen
Haus (Wasser)	♋ Gemeinschaft	♌ Selbsttreue	♍ Arbeit
Fundament (Feuer)	♈ Überleben	♉ Besitz	♊ Vielfalt

Bücher von Harry Eilenstein

Magie für Anfänger
- Telepathie für Anfänger (60 S.)
- Telepathie für Fortgeschrittene (52 S.)
- Telekinese für Anfänger (52 S.)
- Analogien für Anfänger (56 S.)
- Omen und Orakel für Anfänger (52 S.)
- Lebenskraft für Anfänger (60 S.)
- Meditation für Anfänger (56 S.)
- Kundalini für Anfänger (100 S.)
- Hypnose für Anfänger (56 S.)
- Kampfmagie für Anfänger (172 S.)
- Auto-Movement für Anfänger (56 S.)
- Chakra-Magie für Anfänger (148 S.)
- Astralreisen für Anfänger (56 S.)
- Astrologie für Anfänger (120 S.)
- Astrologische Quadrate für Fortgeschrittene (72 S.)
- Partnerhoroskope für Anfänger (100 S.)
- Silberschnüre für Anfänger (52 S.)
- Zaubersprüche für Anfänger (60 S.)
- Ritual-Magie für Anfänger (56 S.)
- Mandalas für Anfänger (68 S.)
- Geldzauber für Anfänger (56 S.)
- Liebeszauber für Anfänger (52 S.)
- Invokationen für Anfänger (52 S.)
- Evokationen für Anfänger (60 S.)
- Geister für Anfänger (52 S.)
- Elfen für Anfänger (56 S.)
- Magie-Forschung für Anfänger (140 S.)
- Magie-Romantik für Anfänger (60 S.)
- Selbsterkenntnis für Anfänger (52 S.)
- Einweihungen für Anfänger (60 S.)
- Drogen-Kabbala für Anfänger (216 S.)
- Zahlensymbolik für Anfänger (60 S.)
- Die Sprache des Mondes – für Anfänger (116 S.)
- Zaubergesänge für Anfänger (100 S.)
- Zukunftschau für Anfänger (60 S.)
- Schamanismus für Anfänger (52 S.)
- Schwitzhütten für Anfänger (52 S.)
- Magische Gegenstände für Anfänger (68 S.)
- Übertragungen für Anfänger (68 S.)
- Zaubertränke für Anfänger (64 S.)
- Magie-Gesten für Anfänger (252 S.)
- Da'ath-Magie für Anfänger (64 S.)
- Magie-Heilungen für Anfänger (68 S.)
- Kornkreise für Anfänger (348 S.)
- Feng Shui für Anfänger (96 S.)
- Tao für Anfänger (112 S.)
- Magie für Anfänger – Sammelband   I (696 S.)
- Magie für Anfänger – Sammelband   II (664 S.)
- Magie für Anfänger – Sammelband III (580 S.)
- Magie für Anfänger – Sammelband IV (700 S.)
- Magie für Anfänger – Sammelband   V (676 S.)
- Magie für Anfänger – Sammelband VI (640 S.)

Magie
- Handbuch für Zauberlehrlinge (408 S.)
- Wie man das Pentagramm-Ritual zum Leben erweckt (308 S.)
- Tarot (104 S.)
- Physik und Magie (184 S.)
- Die Synthese von Physik und Magie (200S.)
- Die Magie-Formel (156 S.)
- Schwarze Löcher in der Magie (56 S.)
- Krafttiere – Tiergöttinnen – Tiertänze (112 S.)
- Schwitzhütten (524 S.)
- Mythen und Magie der Harfe (116 S.)
- Drei Adeptus Major Rituale (192 S.)
- Drei Adeptus Exemptus Rituale (120 S.)
- Zwei Infans Abyssi Rituale (128 S.)

Traumreisen
- Traumreisen zu Heilpflanzen (700 S.)
- Traumreisen zum kabbalistischen Lebensbaum (132 S.)

Meditation
- Der Lebenskraftkörper (230 S.)
- Die Chakren (100 S.)
- Das Chakren-System mit den Nebenchakren (296 S.)
- Organe und Chakren (64 S.)
- Die platonischen Körper in den Chakren (156 S.)
- Meditation (140 S.)
- Drachenfeuer (124 S.)
- Kundalini I (676 S.)
- Kundalini II (672 S.)
- Reinkarnation (156 S.)
- einsgerichtet (140 S.)

Astrologie
- Astrologie (496 S.)
- Photo-Astrologie (428 S.)
- Die astrologischen Aspekte (88 S.)
- Horoskop und Seele (120 S.)

Kabbala
- Kursus der praktischen Kabbala (150 S.)
- Eltern der Erde (450 S.)
- Blüten des Lebensbaumes:
    1. Die Struktur des kabbalistischen Lebensbaumes (370 S.)
    2. Der kabbalistische Lebensbaum als Forschungshilfsmittel (580 S.)
    3. Der kabbalistische Lebensbaum als spirituelle Landkarte (520 S.)
- Logik und Wirkung der Analogie (700 S.)

Eilenstein, Frater V.D., Knecht, Büdenbender
- Magie heute – Berichte aus der Praxis (288 S.)

Büdenbender, Eilenstein
- Chaos, Alk und Magic (436 S.)

Germanen

1. Die Entwicklung der germanischen Religion (556S.)
2. Lexikon der germanischen Religion (576S.)
3. Der ursprüngliche Göttervater Tyr (584S.)
4. Tyr in der Unterwelt: der Schmied Wieland (228S.)
5. Tyr in der Unterwelt: der Riesenkönig 1 (448S.)
6. Tyr in der Unterwelt: der Riesenkönig 2 (452S.)
7. Tyr in der Unterwelt: der Zwergenkönig (304S.)
8. Der Himmelswächter Heimdall (140S.)
9. Der Sommergott Baldur (228S.)
10. Der Meeresgott: Ägir, Hler und Njörd (176S.)
11. Der Eibengott Ullr (148S.)
12. Die Zwillingsgötter Alcis (292S.)
13. Der neue Göttervater Odin 1 (672S.)
14. Der neue Göttervater Odin 2 (160S.)
15. Der Fruchtbarkeitsgott Freyr (320S.)
16. Der Chaos-Gott Loki (608S.)
17. Der Donnergott Thor (600S.)
18. Der Priestergott Hönir (76S.)
19. Die Göttersöhne (204S.)
20. Die unbekannteren Götter (248S.)
21. Die Göttermutter Frigg (220S.)
22. Die Liebesgöttin: Freya und Menglöd (424S.)
23. Die Erdgöttinnen (212S.)
24. Die Korngöttin Sif (104S.)
25. Die Apfel-Göttin Idun (144S.)
26. Die Hügelgrab-Jenseitsgöttin Hel (288S.)
27. Die Meeres-Jenseitsgöttin Ran (112S.)
28. Die unbekannteren Jenseitsgöttinnen (384S.)
29. Die unbekannteren Göttinnen (308S.)
30. Die Nornen (328S.)
31. Die Walküren (636S.)
32. Die Zwerge (424S.)
33. Der Urriese Ymir (220S.)
34. Die Riesen (384S.)
35. Die Riesinnen (368S.)
36. Mythologische Wesen (280S.)
37. Mythologische Priester und Priesterinnen (220S.)
38. Sigurd/Siegfried (672S.)
39. Helden und Göttersöhne (628S.)
40. Die Symbolik der Vögel und Insekten (496S.)
41. Die Symbolik der Schlangen, Drachen und Ungeheuer (616S.)
42.a Die Symbolik der Herdentiere 1 (448S.)
42.b Die Symbolik der Herdentiere 2 (304S.)
43. Die Symbolik der Raubtiere (372S.)
44. Die Symbolik der Wassertiere und sonstigen Tiere (164S.)
45. Die Symbolik der Pflanzen (192S.)
46. Die Symbolik der Farben (124S.)
47. Die Symbolik der Zahlen (640S.)
48. Die Symbolik von Sonne, Mond und Sternen (596S.)

49.a Das Jenseits 1 – Das Hügelgrab (428S.)
49.b Das Jenseits 2 – Der Jenseitsweg (484S.)
50. Astralreise, Seelenvogel, Utiseta und Einweihung (420S.)
51. Wiederzeugung und Wiedergeburt (476S.)
52. Elemente der Kosmologie (412S.)
53. Der Weltenbaum (324S.)
54. Die Symbolik der Himmelsrichtungen und der Jahreszeiten (276S.)
55.a Mythologische Motive 1 – Aufbau (492S.)
55.b Mythologische Motive 2 – Vorgänge (480S.)
56. Der Tempel (397S.)
57. Die Einrichtung des Tempels (696S.)
58. Priesterin – Seherin – Zauberin – Hexe (428S.)
59. Priester – Seher – Zauberer (300S.)
60. Rituelle Kleidung und Schmuck (140S.)
61. Skalden und Skaldinnen (92S.)
62. Kriegerinnen und Ekstase-Krieger (224S.)
63. Die Symbolik der Körperteile (340S.)
64.a Magie und Ritual 1 – Magie (608S.)
64.b Magie und Ritual 2 – Kult (592S.)
64.c Magie und Ritual 3 – Heilung (192S.)
65. Gestaltwandler (316S.)
66.a Magische Angriffs-Waffen (660S.)
66.b Magische Verteidigungs-Waffen (328S.)
67. Magische Werkzeuge und Gegenstände (348S.)
68. Zaubersprüche (340S.)
69. Göttermet (416S.)
70. Zaubertränke (72S.)
71. Träume, Omen und Orakel (284S.)
72. Runen (252S.)
73. Sozial-religiöse Rituale (328S.)
74. Weisheiten und Sprichworte (540S.)
75. Kenningar (664S.)
76. Rätsel (160S.)
77. Die vollständige Edda des Snorri Sturluson (512S.)
78. Frühe Skaldenlieder (224S.)
79.a Mythologische Sagas 1 (488S.)
79.b Mythologische Sagas 2 (372S.)
80. Hymnen an die germanischen Götter (684S.)

nicht Teil der Germanen-Reihe:

- Odin (300 S.)

Kelten

- Cernunnos (690 S.)
- Taliesin (228 S.)
- Der Kessel von Gundestrup (220 S.)
- Der Chiemsee-Kessel (76)

Inder

- Dakini (80 S.)
- Vajra (76 S.)

Griechen

- Pan (336 S.)
- Poseidon (668 S.)

<u>**Religion allgemein**</u>
- Die sieben Schritte des Lebens (428 S.)
- Muttergöttin und Schamanen (168 S.)
- Totempfähle (440 S.)
- Der Urriese (168 S.)

<u>**Jungsteinzeit**</u>
- Göbekli Tepe (472 S.)
- Die Göttin von Göbekli Tepe (144 S.)
- Die Rituale von Göbekli Tepe (112 S.)

<u>**Ägypten**</u>
- Hathor und Re 1: Götter und Mythen im
  im Alten Ägypten (432 S.)
- Hathor und Re 2: Die altägyptische Religion
  – Ursprünge, Kult und Magie (396 S.)
- Isis (508 S.)
- Ma'at (200 S.)

<u>**Indogermanen**</u>
- Die Entwicklung der indogermanischen
  Religionen (700 S.)
- Wurzeln und Zweige der indogermanischen
  Religion (224 S.)

<u>**Christentum**</u>
- Christus (60 S.)
- Die Biographie des Teufels (144 S.)
- Die Magie der Propheten Elias und Elisa (96 S.)

<u>**Psychologie**</u>
- Über die Freude (100 S.)
- Das Geheimnis des inneren Friedens (252 S.)
- Das Beziehungsmandala (52 S.)
- Gefühle und ihre Verwandlungen (404 S.)
- einsgerichtet (140 S.)
- Liebe und Eigenständigkeit (216 S.)
- Von innerer Fülle zu äußerem Gedeihen (52 S.)
- Kreative Hochzeits-Rituale (56 S.)

<u>**Heilung**</u>
- Die Symbolik der Krankheiten (76 S.)

<u>**Kunst**</u>
- Herz des Tanzes – Tanz des Herzens (160 S.)
- Die Wurzeln der Kunst (60 S.)
- Wege zur Musik-Improvisation (32 S.)

<u>**Drama**</u>
- König Athelstan (104 S.)

<u>**Roman**</u>
- Maran der Schamane (548 S.)
- Maran der Zauberlehrling (676 S.)
- Maran der Harfner (700 S.)
- Maran der Krieger (700 S.)
- Maran der Magier (900 S.)
- Maran der Weise (900 S.)

<u>**Entwürfe für die Zukunft**</u>
1. Die 12 Stile des Tierkreises (164 S.)
2. Die 12 Gedanken zur Energie (108 S.)
3. Die 12 Phänomene der Schwingungen (60 S.)
4. Die 12 Qualitäten des Wassers (92 S.)
5. Die 12 Fundamente des Wohnens (96 S.)
6. Die 12 Grundprinzipien einer umfassenden
   Gesundheit (32 S.)
7. Die 12 Zonen des menschlichen Körpers (80 S.)
8. Die 12 Zutaten der Ernährung (60 S.)
9. Die 12 Flüge der Bienen (148 S.)
10. Die 12 Sichtweisen auf Genußmittel und Drogen (96 S.)
11. Die 12 Möglichkeiten der ganzheitlichen Medizin (92 S.)
12. Die 12 Ansichten über das Impfen (36 S.)
13. Die 12 Leitlinien der Erziehung (44 S.)
14. Die 12 Richtungen des Denkens (84 S.)
15. Die 12 Arten des Lernens (56 S.)
16. Die 12 Seiten einer umfassenden Bildung (36 S.)
17. Die 12 Ansätze zu effektivem Handeln (76 S.)
18. Die 12 Konzepte der Arbeit (48 S.)
19. Die 12 Arten der neuen Technologien (36 S.)
20. Die 12 Betrachtungsweisen der künstlichen
    Intelligenz (48 S.)
21. Die 12 Eigenheiten des Geldes (40 S.)
22. Die 12 Funktionen der Steuern (56 S.)
23. Die 12 Betrachtungsweisen der Sozialberufe (60 S.)
24. Die 12 Strategien der Macht (64 S.)
25. Die 12 Anforderungen an ein neues Wertesystem (48 S.)
26. Die 12 Bausteine einer neuen Gesellschaftsform (52 S.)
27. Die 12 Tore zur Sophikratie (80 S.)
28. Die 12 Pfade zum Frieden (48 S.)
29. Die 12 Säulen des Naturrechts (56 S.)
30. Die 12 Grundlagen der Beziehungen (52 S.)
31. Die 12 Spielfelder des Fußballs (108 S.)
32. Die 12 Wege der Kunst (60 S.)
33. Die 12 Wurzeln eines erfüllten Lebens (44 S.)
34. Die 12 Bereiche des Bewußtseins (56 S.)
35. Die 12 Tempel der Religionen (84 S.)
36. Die 12 Aspekte eines einheitlichen
    spirituell-physikalischen Weltbildes (72 S.)
37. Die 12 Dynamiken der Verwandlung (44 S.)
- Sammelband 1 „Natur" (492 S.)
- Sammelband 2 „Gesundheit" (512 S.)
- Sammelband 3 „Bildung" (524 S.)
- Sammelband 4 „Gesellschaft" (416 S.)
- Sammelband 5 „Psyche" (380 S.)

Englische Buch-Ausgaben

die „Anfänger"-Reihe
- The Synthesis of Physics and Magic (192 p.)
- Telepathy for Beginners (60 p.)
- Telepathy for Advanced Learners (52 p.)
- Telekinesis for Beginners (56 p.)
- Life Force for Beginners (76 p.)
- Kundalini for Beginners (104 p.)
- Astral Projection for Beginners (60 p.)
- Meditation for Beginners (60 p.)
- Prophecy for Beginners (60 p.)
- Ritual Magic for Beginners (64 p.)
- Magic Chant for Beginners (108 p.)
- Invocations for Beginners (52 p.)
- Evocations for Beginners (62 p.)
- Auto-Movement for Beginners (60 p.)
- Elves for Beginners (56 p.)
- Hypnosis for Beginners (56 p.)
- Love Magic for Beginners (52 p.)
- Money Magic for Beginners (60 p.)
- Magic Objects for Beginners (64 p.)
- Shamanism for Beginners (52 p.)
- Chakra-Magic for Beginners (148 p.)
- Language of the Moon – for Beginners (128 p.)
- Self Knowledge for Beginners (60 p.)
- Da'ath-Magic for Beginners (64 p.)
- Astrology for Beginners (112 p.)
- Number Symbolism for Beginners (64 p.)
- Mandalas for Beginners (76 p.)
- Crop Circles for Beginners (344 p.)
- Feng Shui for Beginners (96 p.)
- Magic Research for Beginners (140 p.)
- Magic for Beginners – Anthology I (636 p.)
- Magic for Beginners – Anthology II (616 p.)
- Magic for Beginners – Anthology III (684 p.)
- Magic for Beginners – Anthology IV (580 p.)

Eilenstein, Frater V.D., Knecht, Büdenbender
- Living Magic (261 S.) (= „Magie heute")

sonstige englische Ausgaben
- The Biography of the Devil (140 S.)
- The Synthesis of Physics and Magic (192 S.)
- The Chakra-System with the Minor Chakras (304 S.)

50